AF313345

DISCOURS

PRONONCÉS

A NANCY, LE DIMANCHE 25 JUILLET 1886

AUX OBSÉQUES

DE

M. LOUIS DURR

PAR

M. J. B. RAVOLD

ET

M. LAMBERT

VICE-PRÉSIDENT DU COMITÉ DE LA LIGUE DE L'ENSEIGNEMENT

NANCY

IMPRIMERIE BERGER-LEVRAULT ET Cⁱᵉ

11, rue Jean-Lamour, 11

1886

« Dimanche, 25 juillet 1886, à dix heures du matin, ont eu lieu à Nancy, au milieu d'une assistance considérable, les obsèques civiles du regretté M. Louis Durr.

« Le deuil était conduit par les deux fils, dont l'un portait l'uniforme militaire, par le frère et le beau-frère du défunt.

« Dans le cortège on remarquait toutes les notabilités républicaines de la ville, au milieu des nombreux amis, politiques et autres, venus à ce dernier rendez-vous, tant de Nancy que des villes environnantes et de l'Alsace.

« Un grand nombre de couronnes ont été déposées sur le cercueil, par l'Alliance républicaine, la Ligue de l'enseignement, les négociants en grains, les courtiers, des groupes d'amis.

« Sur la tombe, M. J.-B. Ravold, ancien proscrit de l'empire, a prononcé un discours très ému et très éloquent, résumant la vie politique et privée du lutteur qui dépensa tant d'énergie pour le triomphe de la cause républicaine. Il a décrit son existence si bien remplie, si foncièrement honnête et si modeste, toute pleine enfin d'abnégation, de bienfaits et de dévouement.

« Après M. Ravold, M. Lambert, avocat, vice-président du comité de la Ligue de l'enseignement, a adressé un dernier adieu au défunt, au nom de la Ligue de l'enseignement et du comité du Sou des écoles laïques, deux œuvres si éminemment patriotiques, dont M. Durr a été le principal créateur et un des plus ardents propagateurs. »

(Extrait des journaux de Nancy, du 26 au 28 juillet 1886.)

DISCOURS DE M. J.-B. RAVOLD.

Messieurs,

C'est au nom des républicains de 1848, au nom des patriotes de l'Alsace-Lorraine, que je viens dire l'adieu suprême au pur démocrate, au citoyen dévoué, intègre, dont la dépouille mortelle est devant nous.

Ah ! Messieurs, on peut dire, sans exagération, de Louis Durr, qu'il fut le confesseur de la République, le martyr de ses opinions démocratiques.

Tout jeune, il adopta la fière devise de Marceau : *res non verba*, des actes et non des paroles, et c'est à cette devise qu'il demeura fidèle pendant les longues années de son apostolat.

Louis Durr se trouvait à Paris au moment où fut proclamée la République, en février 1848. Avec l'ardeur de ses vingt-deux ans et sous l'impulsion de ses sentiments généreux innés, il adopta les principes du Gouvernement dont l'immortelle devise : *liberté, égalité, fraternité,* exerça sur lui une véritable fascination.

Son amour pour la France, pour la République, devint plus ardent encore quand, en septembre 1848, dans une de ses séances, le Parlement de Francfort déclara l'Alsace comme faisant partie intégrante de l'empire allemand. De même que tous ses compatriotes, Durr fut révolté, protesta. « Quelle sinistre plaisanterie, s'écria-t-il! Strasbourg, le berceau de la *Marseillaise*, la patrie de Kléber, terre allemande! Allons donc! »

Durr se hâta de revenir au pays natal et, avec plus d'un demi-million d'Alsaciens, dans l'immense réunion du 19 octobre 1848, il affirma son amour pour la France auguste, la France, le berceau et le foyer de la liberté en Europe.

Dès ce jour il parut au premier rang des lutteurs de la démocratie. Aux élections de mai 1849, quand presque tout le pays, y compris Paris, subit le vif mouvement de réaction imprimé par les monarchistes-cléricaux à la pauvre patrie trompée, dupée par des déclamations mensongères, l'Alsace entière, le Bas-Rhin surtout, choisit des députés démocrates.

Ce fut encore le Bas-Rhin qui, en mai 1850, nomma le dernier élu du suffrage universel, du suffrage mutilé par les burgraves, les conservateurs de l'époque, qui nomma, dis-je, Émile de Girardin. Parmi les plus actifs, les plus habiles acteurs de ces campagnes électorales qui fixèrent l'attention de la France entière, figurait Louis Durr. Il fut également au nombre des courageux Strasbourgeois qui, sur la place d'Austerlitz, protestèrent contre l'attentat, le crime de décembre 1851. Si la main de la police ne s'abattit pas sur lui, c'est grâce à sa jeunesse. Les vengeances réactionnaires visaient surtout les vieux lutteurs, les antagonistes restés sur la brèche depuis 1830.

Durr rentra chez lui écœuré, désespéré. La platitude avec laquelle, suivant l'énergique expression de Tacite, on se ruait dans la servitude, le rendit malade; mais bien vite son énergique nature reprit le dessus et il redescendit dans la lice. Le *forum* était silencieux, désert. On ne pouvait faire au parjure victorieux qu'une seule guerre, la propagation des publications clandestines, des œuvres de Victor Hugo, par exemple, de Hugo qui, seul devant l'Europe stupéfaite, se dressa en face du César victorieux, agitant sans cesse le spectre de la Liberté, de la République assassinée.

Louis Durr se dévoua à cette tâche ingrate, dangereuse. La proximité de la frontière rendait l'œuvre possible. A la France bâillonnée, tenue dans une ignorance systématique, endormie en quelque sorte, il essaya de faire entendre la parole virile des républicains proscrits, exilés. Il dévoua à cette œuvre périlleuse ses parents, ses amis et jusqu'à son jeune fils Louis. Avec une habileté qui déjoua les plus minutieuses investigations de la police, on sema partout les accusations vengeresses.

En même temps qu'il faisait à l'empire cette guerre de tous les instants, il s'était constitué la Providence des victimes politiques du pouvoir. Tout démocrate qui se trouvait sans pain, sans asile, lui était adressé par tout Strasbourg. Il semblait que la noble cité, par un accord tacite, unanime, l'avait constitué son fondé de pouvoir, sa sœur de charité démocratique, si j'ose m'exprimer ainsi.

Inutile, Messieurs, d'ajouter que si Louis Durr n'a jamais rempli de mandat électif à Strasbourg, aussi bien qu'à Nancy, c'est qu'il s'y est toujours énergiquement refusé.

Quand, en 1863, M. Laboulaye, libéral alors, vint à Strasbourg et opposa résolument sa candidature à celle du candidat *officiel*, le trop fameux baron de Bussière, qui depuis...., Durr fut un des agents les plus actifs de cette épopée électorale. J'ai dit épopée, Messieurs, et le terme n'est pas exagéré. Ah! vous ne savez pas, jeunes gens qui m'entourez, ce qu'était, en province, sous l'empire, une élection pour un candidat de l'opposition, quand il fallait lutter contre les agents du pouvoir, embrigadés, condamnés tous au métier d'agents électoraux, je ne veux pas dire de mouchards. Pas de journal pour le candidat hostile; à peine le droit d'affiche et le droit de faire distribuer silencieusement ses bulletins. Défense de faire des réunions publiques ; impossibilité d'organiser des réunions privées nombreuses; le public hésitant, au reste, n'osait guère y assister; des entraves en tout et partout : voilà, Messieurs, à grands traits ce qu'était une élection libérale sous l'empire. Voilà les obstacles qui se dressaient devant la candidature Laboulaye. Son lieutenant, le moteur principal de la machine électorale, Louis Durr, se joua de tous les obstacles. Si le succès ne couronna pas les nobles efforts tentés, ce fut à cause du vote des campagnes intimidées.

Sous l'inspiration de Durr, et pour donner au candidat malheureux un témoignage de gratitude, la démocratie strasbourgeoise lui offrit une œuvre d'art, l'encrier fameux, l'encrier légendaire que pendant quinze jours on était allé admirer au domicile de notre cher défunt. Soit dit, en passant, quand après les élections législatives de 1869 et le vote du plébiscite en 1870, élections où notre ami déploya la plus habile, la plus admirable activité, quand M. Laboulaye, à l'exemple des Ollivier, des Darimon, des Prévost-Paradol et autres, s'enrôla dans les rangs des fanatiques de l'empire libéral, on lui réclama ironiquement le fameux encrier.

Ici, Messieurs, nous touchons à une époque néfaste, et il me faut du courage pour raconter les catastrophes qui viennent, coup sur coup, frapper notre cher défunt.

La guerre est déclarée; le canon gronde sur la frontière, et Durr, trop bien informé par ses relations avec le dehors, ne peut douter des désastres qui se préparent. Qu'on juge de ses tourments, de ses angoisses, quand il apprend la mort tragique du général Douay, quand il voit arriver à Strasbourg les débris de nos pauvres régiments décimés à Frœschwiller. C'est l'ennemi qui approche, qui va investir Strasbourg, son cher Strasbourg, le boulevard de la Patrie sur le Rhin. Et pour comble de désespoir, rien à faire, rien à tenter pour la défense du sol natal, car c'est encore le préfet bonapartiste Pron qui commande; c'est ce valet de l'empire, qui redoute moins les Badois de Werder, que les républicains strasbourgeois.

Parlerai-je, Messieurs, de ce siège effroyable, inhumain, où l'ennemi n'épargne pas même le *Munster*, la cathédrale, l'orgueil de Strasbourg, pas même la Bibliothèque. Parlerai-je de la proclamation de la République, le 13 septembre; de la création, malgré l'opposition du général Uhrich, du journal démocratique *le Républicain de l'Est*; de l'arrivée dans la ville du valeureux proscrit du 13 juin 1849, de l'héroïque préfet Valentin, enfin de l'entrevue de notre regretté Durr avec le représentant de la Défense nationale, au moment où les obus badois pleuvaient sur la préfecture. Non, Messieurs. — Et quelle torture pour nos héroïques Strasbourgeois, nos braves Alsaciens, quand l'étranger entra dans la cité en feu, quand le cher drapeau de la Révolution dut faire place à....

Et l'on s'étonne de notre aversion, à nous vieux républicains, contre les insensés qui, par le crime de décembre, ont préparé ces épouvantables catastrophes! Non, Messieurs, non, il ne peut pas y avoir assez de malédictions contre les complices du parjure dont l'inepte folie a livré à l'étranger Strasbourg, Metz, Bitche, Phalsbourg, en un mot, notre chère Alsace, notre Lorraine bien-aimée!

Hélas! Messieurs, ce n'était pas assez de ces deuils pour notre regretté Durr : frappé dans sa mère, la patrie, la France, il le fut encore dans son foyer domestique. Oui, Messieurs, sa fille unique, sa joie, son orgueil, succomba vite à la maladie contractée dans la cave où elle avait dû chercher un refuge contre les bombes allemandes.

Tout autre que Louis Durr aurait été abattu par cette succession de catastrophes. Lui, l'énergique patriote, puisa dans ces douleurs même une nouvelle force pour aider au triomphe de la cause du droit, de la vérité, de la justice, de la République, de la patrie, de la France. Il plaida cette cause sainte sous le sabre prussien, comme il l'avait fait pendant dix-huit ans sous le sabre bonapartiste. Aussi, comme je l'ai lu dans le journal *l'Helvétie*, numéro du 31 janvier 1871, Durr dut-il fuir loin du berceau natal pour éviter les persécutions du vainqueur allemand.

L'ardent patriote vint demander un asile à Nancy. Dans un instant, une voix autre que la mienne vous dira comment, au milieu de nous, il est resté fidèle à sa devise : *res non verba*, comment il travailla sans relâche à la propagation de la lumière, de l'instruction, comment il défendit la République.

Tant de sacrifices, tant d'efforts, tant de douleurs endurées ébranlèrent, épuisèrent ce corps robuste, sans abattre cette volonté ferme, stoïque. C'est surtout l'absence de l'air natal, c'est le sort nouveau fait à son cher Strasbourg qui l'ont tué prématurément. Quand, vaincu par la souffrance, il allait demander un peu de soulagement à l'Alsace, si la santé du corps revenait, son cœur était tenaillé à la vue du drapeau étranger flottant sur les monuments de Strasbourg.

Son martyre, Messieurs, vient de finir. Ah ! si on pouvait ouvrir la noble poitrine qui est là, si on pouvait lire dans ce cœur si français, on y verrait inscrits ces mots : Alsace ! Lorraine ! Strasbourg !!

Adieu, ami Durr, ou plutôt au revoir ! Au revoir dans

ce monde meilleur où tu te trouves au milieu des amis de l'humanité, de la liberté, de la République, de tous les temps, de tous les âges, dans ce monde où prévaut, sans conteste, cette noble maxime : Le droit prime la force! Adieu! ami Durr, adieu!!!

DISCOURS DE M. LAMBERT.

Messieurs,

La Ligue de l'enseignement doit trop à l'initiative et au dévouement de Louis Durr, pour ne pas avoir à cœur d'apporter, sur le bord de sa tombe et par mon organe, l'expression de sa profonde reconnaissance.

Modeste et énergique, Durr a vaillamment lutté pour la cause libérale, payant plus que tout autre de sa personne, organisant dans sa ville natale la résistance contre le despotisme et l'arbitraire, et se portant avec ardeur où il y avait un danger à courir et un poste à défendre.

A Strasbourg, comme à Nancy, Durr a donné la mesure de ses sentiments démocratiques en se faisant l'apôtre infatigable des idées de liberté et d'indépendance personnelle, bravant un pouvoir fort pour la défense de sa foi politique et s'efforçant de répandre les lumières et l'instruction dans les masses, quand la conquête de la liberté a été assurée.

Nous l'avons vu ici, le premier à la tâche, dans l'organisation du « Sou des écoles laïques », œuvre qu'il personnifiait en quelque sorte, tant il l'avait faite sienne, tant il poursuivait son active propagande dans tous les coins de notre département, se multipliant pour récolter la menue monnaie des petites bourses, stimulant le zèle de ses correspondants, se tenant en étroites relations avec les maires et les instituteurs, et recherchant les besoins de l'instruction primaire jusque dans les communes les plus éloignées. Il se disait, avec sa conviction de bon citoyen, que la patrie, que la République ne seront fortes et grandes que du jour où tous les Français seront éclairés et instruits.

C'est un noble exemple, et consolant, au milieu des luttes haineuses et des emportements dont nous sommes témoins, que celui d'un obscur patriote pris d'un immense désir d'aider à l'émancipation intellectuelle et morale de son pays ; ardent ennemi de l'ignorance, qui se donne tout entier à son œuvre, sans recherche de popularité, sans apparat et sans bruit, uniquement stimulé par son cœur d'honnête homme, son esprit libéral et sa conscience patriotique.

Les hommes de cette trempe sont rares, et quand ils sont morts, leur mémoire ne peut pas être livrée à l'oubli. Leurs noms sont une enseigne et un point de ralliement pour ceux qui travaillent comme eux au progrès et à l'avancement des esprits, et ne veulent pas rester trop au-dessous de ces utiles pionniers qui les ont devancés et guidés.

Dans cette institution si intéressante du Sou des écoles, qu'il a fait vivre et qu'il a sans cesse réchauffée de son zèle, Durr restera le modèle à suivre. On ne pourra pas faire mieux et autrement qu'il n'a fait : c'est son souvenir qu'on évoquera, quand on voudra tirer de cette ingénieuse fondation tout le profit qu'on peut en espérer.

Il n'y a pas, à mon sens, de plus bel hommage à rendre à l'homme modeste, au bon et honnête ligueur, qui emporte tous nos regrets.

Nancy, imprimerie Berger-Levrault et Cie.

NANCY. — IMPRIMERIE BERGER-LEVRAULT ET Cⁱᵉ.

www.ingramcontent.com/pod-product-compliance
Ingram Content Group UK Ltd.
Pitfield, Milton Keynes, MK11 3LW, UK
UKHW031704170726
13836UKWH00001B/27